Inhalt

Neue Impulse für den Web-Shop

Kernthesen

Beitrag

Fallbeispiele

Weiterführende Literatur

Impressum

GENIOS WirtschaftsWissen Nr. 12/2002 vom 03.12.2002

Neue Impulse für den Web-Shop

E.Krug

Kernthesen

- Trotz Interesse von Seiten der Verbraucher bietet der Web-Shop bis heute noch immer zu selten eine annehmbare Einkaufssituation. (1), (2)
- Der Online-Handel definiert sich nach wie vor über die technischen Möglichkeiten; Marketing findet in den meisten Fällen nur bedingt oder gar nicht statt. (1), (3)
- Die Zukunft des Web-Shops sollte von One-to-One Marketingaktivitäten, der damit verbundenen Pflege von Kundenbeziehungen, Verstärkung des Sicherheitsaspekts bei den Zahlungsmodalitäten und einem

konsequenten Datenschutz bestimmt werden. (1), (3), (4)

Beitrag

Es ist noch nicht lange her, da zeigten sich die Verbraucher äußerst skeptisch gegenüber dem Online-Handel; heute stehen die Konsumenten dieser Vertriebsart relativ aufgeschlossen gegenüber. Der Einkauf im Internet wird zunehmend beliebter, obwohl es noch immer viele Hürden im Online-Handel zu überwinden gilt. Die Einkaufssituation in den meisten Web-Shops ist noch lange nicht optimal. (1)

Was sollte beim Handel online beachtet werden?

Der Konsument wird in eine völlig andere "Einkaufswelt" entführt, das bedeutet, es müssen in jedem Fall einige wichtige Voraussetzungen erfüllt sein:
- Zwischen dem Händler und dem Kunden sollte ein ständiger Informationsaustausch bestehen.
- Die gesetzlichen Verbraucherrechte sollen nicht nur auf dem Papier stehen, sondern die Abwicklung muss

auch in der Praxis funktionieren.
- Allgemeine Geschäftsbedingungen und Kontaktfunktionalitäten müssen bekannt sein. (2), (3)

Dennoch gibt es weiterhin Probleme und Fehler, die viele Online-Händler noch nicht in den Griff bekommen haben.

Welche Fehler beeinträchtigen die Effizienz eines Web-Shops?

Eine große Schwachstelle beim Online-Handel ist das Marketing. Dieses findet bei den meisten Shops entweder gar nicht oder nur unzureichend statt. Häufig eröffnen die Händler einen Online-Shop ziemlich blauäugig, ohne große Vorbereitung. Selten sind sie wirklich aufgeklärt und die rechtlichen Details sind ihnen nicht bekannt. So kommt es nicht selten vor, dass der Datenschutz nur unzulänglich beachtet wird und gesetzliche Regelungen, z. B. beim Widerruf- und Rückgaberecht, falsch formuliert werden. Die wichtigen Faktoren Vertrauen und Sicherheit werden des Öfteren vernachlässigt. Daneben ist der Service oft minimal oder funktioniert überhaupt nicht.

Die Bedürfnisse der Kunden sind dem Online-

Händler oft nur bedingt bekannt und die Anstrengungen, diese kennenzulernen sind nicht besonders groß. Sehr häufig geht es nur darum, was technisch durchführbar ist und weniger darum, was wirklich für die Kundenbeziehung sinnvoll ist. Viele Händler ignorieren zudem, dass der individuelle Kontakt auch im Web möglich ist. (1), (2), (3)

Um den Online-Handel richtig in Schwung zu bringen, bedarf es diverser neuer Ideen (vgl. Cases), einer Prüfung vorab und ungeschriebener Regeln, die beachtet werden müssen.

Was bedeutet eine Prüfung vor der Eröffnung eines Web-Shops?

Ein Online-Shop wird - auf Anfrage hin - in Bezug auf Verbraucherfreundlichkeit, Funktionalität und Service getestet.

Trusted Shops beispielsweise, einer der Anbieter von Online-Gütesiegel, stellt zuerst einen Kriterienkatalog, in dem die wichtigsten gesetzlichen Bestimmungen und Forderungen der Verbraucher- und Handelsverbände berücksichtigt werden. Diese Anforderungen müssen erfüllt sein.
Die Web-Shops erhalten in der Prüfung ein 19 Seiten

dickes Prüfungsprotokoll mit expliziten Hinweisen und Musterformulierungen. Ein persönlicher Ansprechpartner, der auch bei Fragen weiterhilft, nimmt die Prüfung vor und klärt einen eventuellen Nachbesserungsbedarf mit den Händlern. Die Gerling Versicherungsgruppe ermittelt parallel dazu die Bonität. Erfüllt der Shop alle Anforderungen, bekommt er sein Siegel. Die Prüfung kann von drei Tagen bis zu sechs Monaten dauern. Die Zertifizierung soll Umsatzwachstum durch Neukundengewinnung und Verminderung der Kaufabbrüche bewirken. (2)

Allerdings reicht das Zertifikat allein nicht aus, um die optimale Verkaufs- und Einkaufssituation herbeizuführen.

Welche ungeschriebenen Regeln sollten vom Online-Händler beachtet werden?

Nach einem schnellen und störungsfreien Aufbau sollten Übersichtlichkeit, einfache Navigation und anschauliche Produktbeschreibungen dem potenziellen Käufer den Einstieg leicht machen. Ebenso wichtig ist es, dass die Allgemeinen

Geschäftsbedingungen leicht auffindbar sind. Außerdem ist es bedeutend, dass der Kunde alle Details über das Unternehmen abfragen kann.

Nach einem unkomplizierten Bestellvorgang sollten dem Käufer verschiedene Zahlungsmöglichkeiten mit klaren Sicherheitsmaßnahmen angeboten werden. Der Lieferservice muss zuverlässig und termingerecht erfolgen.

Um einen guten Service zu bieten ist es notwendig, eine Kontaktperson einzusetzen, die über Telefon oder E-Mail erreichbar ist und die Anfragen prompt beantworten kann. Daneben müssen dem Kunden eine einfache Rekalmationsmöglichkeit und unkomplizierte Rücksendemöglichkeiten angeboten werden.

Das stiefmütterlich behandelte Marketing muss zu einem wichtigen Bestandteil eines funktionierenden Online-Handels werden. Nach genauer Analyse des Kundenprofils sollten daran angepasste One-to-One Marketingaktivitäten erfolgen. (1)

Fallbeispiele

Beispiele für Web-Shops mit Zukunft:

Amazon.com

Start: 1995 (in Deutschland vor vier Jahren).
mittlerweile Marktführer.
einmaliger Nettogewinn im 4. Quartal 2001.
Umsatz im letzten Quartal: etwas mehr als 800 Mio.
Euro.
Strategie und Stärke: Seit der ersten Stunde, Konzentration auf den Kunden; niedrige Preise, gute Auswahl, guter Service.
Angebot: Bücher, Videos, CDs und darüber hinaus elektronische Artikel, Haus- und Gartengeräte. (5)

neckermann.de

Zeichnet sich aus durch eine eigene Shoplösung statt der üblichen Standardfunktionalitäten.

Der Kunde steht im Mittelpunkt.
Gewinnung an Neukunden: 43 Prozent.
Stärke: Serviceleistungen, z. B. ein intelligenter Produktberater, der in der Lage ist, ein Verkaufsgespräch ähnlich wie der Angestellte im Elektrofachgeschäft zu gestalten.
Strategie: Außergewöhnliche Ideen, z. B. eine Erlebniswelt, an der sich der Kunde kreativ beteiligen kann, wie am Projekt "Tischlein-deck-dich" oder "Blind Dinner" oder an der virtuellen Anprobe.
Weiterer Vorteil einer eigenen Shoplösung: eine schnelle und flexible Reaktion auf Veränderungen im Markt. (3)

12Moebel.de

Über 2.500 Artikel.
Motto: moderne Möbel zu einem günstigen Preis.
Umsatz 2001: 1,3 Mio. Euro.
Geplanter Umsatz für 2002: 5 Mio. Euro.
12 Mitarbeiter.
aktive Kunden: 17.000.
Neukundengewinnung durch E-Mail-Marketing. (6)

Weiterführende Literatur

(1) Neue Strategien im Online-Handel
aus CYbiz Nr. 11 vom 30.10.2002 Seite 012

(2) Prüfung bestanden?
aus CYbiz Nr. 11 vom 30.10.2002 Seite 018

(3) Frankfurter Erlebniswelten
aus CYbiz Nr. 11 vom 30.10.2002 Seite 022

(4) Dienstleister bieten Schutz bei Zahlungsausfällen - Kreditinstitute setzen auf sichere Authentifizierung, E-Händler leiden unter klammen Kunden, Computer Zeitung, Heft 41, 2002, S. 10
aus CYbiz Nr. 11 vom 30.10.2002 Seite 022

(5) Chiari, Margarita, "Unser Markt ist groß, da ist Platz für viele", SZ-Interview mit Amazon-Gründer Jeff Bezos, SZ Süddeutsche Zeitung, 11.10.2002, S. 21
aus CYbiz Nr. 11 vom 30.10.2002 Seite 022

(6) Möbel sind auch im Web ein Hauptsortiment
aus Lebensmittel Zeitung 41 vom 11.10.2002 Seite 030

Impressum

Neue Impulse für den Web-Shop

Bibliografische Information der deutschen Nationalbibliothek

Die Deutsche Nationalbibliothek verzeichnet diese Publikation in der deutschen Nationalbibliografie; detaillierte bibliografische Daten sind im Internet über http://dnb.d-nb.de abrufbar.

ISBN: 978-3-7379-1573-1

© 2015 GBI-Genios Deutsche Wirtschaftsdatenbank GmbH, Freischützstraße 96, 81927 München, www.genios.de

Alle Rechte vorbehalten. Dieses Werk ist einschließlich aller seiner Teile – z.B. Texte, Tabellen und Grafiken - urheberrechtlich geschützt. Jede Verwertung außerhalb der Grenzen des Urheberrechtsgesetzes bedarf der vorherigen Zustimmung des Verlags. Dies gilt insbesondere auch für auszugsweise Nachdrucke, fotomechanische Vervielfältigungen (Fotokopie/Mikroskopie), Übersetzungen, Auswertungen durch Datenbanken oder ähnliche Einrichtungen und die Einspeicherung und Verarbeitung in elektronischen Systemen.